DE LA
CAUTÉRISATION
DE LA
CORNÉE,

Comme moyen propre à corriger d'une manière prompte et sûre les aberrations de la vue, avec dilatation des pupilles.

PAR

M. H. SERRE, Médecin a Uzès, Membre Associé-correspondant de plusieurs Sociétés Savantes.

A PARIS,

GABON, LIBRAIRE, PRÈS L'ÉCOLE DE MÉDECINE.

1827.

Le hasard, à qui nous devons tant de belles découvertes, m'a assez bien servi; il m'a fait connaître un moyen à l'aide duquel on guérit promptement et sûrement certaines maladies de la vue. Ce moyen consiste dans la cautérisation de la circonférence de la cornée, à l'aide du nitrate d'argent fondu. Son historique thérapeutique se trouve dans la première des observations qui terminent ce mémoire. J'observerai que, avant d'en venir à la cautérisation, j'ai tenté l'usage d'autres remèdes pour savoir si, par des voies plus douces, il ne me serait pas permis d'arriver aux mêmes résultats; je puis certifier qu'ils ont constamment échoué.

On remarquera, en général, que les bons oculistes ne sont pas très-satisfaits du traitement qu'ils emploient contre les altérations de la vision avec dilatation de la pupille.

D'après M. Demours, la mydriase ne diminue que de moitié dans l'espace des six premiers mois, et ce qui reste ne se dissipe que plus lentement encore, comme il l'a observé chez une des premières actrices du théâtre français. Le remède le plus actif, le plus héroïque, celui pour lequel il a le plus de confiance, c'est l'*électricité*; et il est à remarquer, que lorsqu'il s'en sert, le malade ne peut conserver la faculté de lire que pendant une ou deux minutes, après lesquelles la pupille revient à son état de dilatation précédent, en ne conservant que quelques traces du rétrécissement passager qu'il a obtenu. M. Boyer, dit : qu'on ne possède guère de moyen direct d'attaquer la même maladie, qu'on a essayé successivement ou à la fois les topiques excitans, les scarifications, les ventouses aux tempes, les vésicatoires, les moxas, les sétons, les purgatifs, les vomitifs, les boissons anti-spasmodiques, et que ces divers moyens ont été le plus souvent inutiles, surtout lorsque la maladie était ancienne et qu'elle s'était lentement formée. M. Delarue assure que la diminution de la nuance morbide qui nous occupe, très-sensible dans les premiers jours, ne se soutient pas par la suite avec la même progression ; que le rétrécissement de la pupille qu'on obtient par l'instillation dans l'œil d'un collyre irritant, n'est que de courte durée ; qu'il faut le temps et la patience pour arriver à une cure radicale.

L'héméralopie accompagnée de dilatation de la pupille, souvent occasionnée par un état saburral de l'estomac, par des vers qui habitent le canal intestinal, ne cède pas facilement aux moyens qu'on dirige contre ces complications : on la voit se prolonger au-delà de trois ou quatre mois, et lorsqu'elle se termine plutôt, il faut au moins quinze jours de secousses stomacales ou intestinales pour obtenir une guérison parfois équivoque (Demours.) D'après M. Boyer , il faut plusieurs jours de traitement pour faire dispaître l'héméralopie. Abandonnée à elle-même , elle se maintient jusqu'au troisième ou au quatrième mois ; elle peut aller jusqu'au huitième. Il ne conseille pas de remèdes plus efficaces que ceux de M. Demours.

Il est facile de voir, d'après cet exposé , que ces deux maladies sont fort rebelles : qu'il est dans leur essence d'exister des mois entiers ; que les moyens très-fatigans qui réussissent le mieux , exigent au moins quinze jours d'action ; qu'ils échouent le plus souvent , et que ce n'est qu'avec le temps que le mal cesse , parce qu'il doit finir. La cautérisation de la cornée n'est pas si lente dans ses résultats ; quelques secondes après , le malade y voit mieux et l'iris se contracte fortement. Cet état n'est pas momentané ; car la pupille se resserre à chaque instant davantage , et devient plus petite que l'autre , du deuxième au quatrième jour : ordinairement vers le huitième elle reprend ses dimensions physiologiques. C'est alors que la vision est dans toute son intégrité , au grand étonnement du malade , qui craint encore son mal , parce qu'il a trop tôt cessé.

Les complications gastriques , vermineuses , ne contr'indiquent pas la cautérisation de la cornée, qui doit être préférée aux vomitifs et aux vermifuges ;

elles disposent seulement à une récidive plus facile,
sans enlever pour cela la très-grande probabilité
d'une guérison solide sous l'action d'une seconde application du nitrate. L'influence que ce dernier exerce
sur l'organe de la vision est des plus prononcées,
et celui-ci est tellement modifié par cette impres-
sion insolite, qu'il est ordinairement incapable de
ressentir les atteintes d'une cause qui n'a pas cessé
d'agir. J'ai essayé l'apposition de la pierre infernale sur les yeux de personnes atteintes de goutte
sereine. Mes résultats ont été nuls, et, malgré cela,
je ne suis pas éloigné de penser qu'on en retire un
jour quelque avantage, sur tout si elle a lieu avec
les conditions que j'indiquerai plus bas, et qu'il est
essentiel de connaître pour en retirer, sans le moindre inconvénient, le meilleur fruit possible. Je ne
doute pas aussi que ce puissant moyen ne devienne
utile pour corriger les énormes dilatations de pupille,
provoquées par l'usage inconsidéré de la belladone
ou de la jusquiame. Tout le monde sait que ces deux
substances mettent l'iris dans un état tel, qu'il peut
faire naître des craintes fondées pour la perte de la
vue, et que dernièrement, nombre d'enfans sont
restés aveugles ou presque aveugles, pour les avoir
voulu soustraire aux épidémies de coqueluche,
en leur faisant prendre des doses assez fortes de
ces stupéfians. Tout le monde sait encore que ces
désordres n'ont pas été facilement réparés et ont
'uré des mois entiers; aussi, j'annonce avec plaisir

que quelques expériences faites sur des lapins, auxquels j'avais donné de la belladone en quantité capable de leur nuire, m'ont fait naître la flatteuse espérance d'adoucir ou de guérir l'infirmité que peut occasionner cette plante.

Je n'ai point la prétention d'appliquer ce puissant moyen d'excitation à tous les cas possibles ; je sais qu'il sera nul lorsqu'on le dirigera contre les maladies de la vue, entretenues par quelque lésion organique, tandis qu'il réussira lorsqu'il y aura simplement lésion de fonction. Je laisse aux praticiens le soin d'en étendre l'usage dans toutes les circonstances où ils voudront vivement stimuler ; car je ne le regarde pas comme spécifique. Ils peuvent être assurés d'avance qu'ils en retireront les mêmes avantages que moi, quand ils voudront détruire les maladies de la vision, accompagnées ou causées par la dilatation de la pupille. Je certifie que la cautérisation de la cornée a été constante dans ses effets, et qu'elle ne s'est pas démentie une seule fois, hors contre deux amauroses complètes que je n'avais pas l'espoir de faire cesser par elle.

Pour que cette petite opération réponde à l'attente du praticien, il faut la pratiquer sous les conditions suivantes : 1.º Ne pas toucher indifféremment la cornée ou la sclérotique : l'expérience m'a prouvé que cette dernière était moins apte à communiquer à l'iris et à la rétine l'irritation dont elle devenait le siège ; que la cornée, au contraire, avait des liaisons pathologiques plus nombreuses avec ces mêmes parties , et qu'il était très-commun de voir l'exaltation de sensibilité de la rétine et le rétrécissement de la pupille , être les compagnes de ses ulcérations. On ne sera pas étonné de cette singularité , si l'on réfléchit au degré d'indépendance qui existe entre ces deux tissus , lorsque la cornée reste entièrement saine au milieu de la sclérotique horriblement enflammée (je sais qu'il est facile d'expliquer ou de donner des explications de ce phénomène : ce n'est pas ce que je demande ici ; je consigne le fait sans interprétation anatomique) ; mais ce qu'il y a de bien remarquable , c'est que cette vive inflammation n'est pas suivie de resserrement de l'iris , à moins que quelques points ulcéreux se soient manifestés sur la cornée ; cette dernière doit donc avoir la préférence. 2.° La circonférence de la cornée doit être frappée par le caustique , plutôt que sa partie moyenne , par deux raisons : parce que l'escarre n'est pas un obstacle momentané à l'acte de la vision ; et en second lieu , parce que les faits m'ont fait entrevoir, que là l'effet du remède était plus prompt. J'ignore si cette particularité peut tenir au plus grand voisinage de la grande circonférence de l'iris. 3.° Les cautérisations (1) doivent être superficielles , étendues d'une à deux lignes , et répétées deux ou trois fois sur le trajet

______

(1) J'ai toujours choisi le nitrate d'argent , parce qu'il est facile à manier.

de la circonférence de la cornée. Le temps et le degré de pression propres à les faire telles que je le désire, ne sont pas faciles à indiquer, et je chercherais inutilement à les faire connaître ici par des mots. Cette connaissance s'acquiert facilement, lorsque, par des expériences entreprises à cet effet, on a pratiqué quelques cautérisations sur les yeux des animaux. 4.° Il faut que la cuisson soit assez vive, et qu'à la fin de la journée elle soit accompagnée d'une légère injection de la conjonctive, signe presque certain du succès de l'opération ; il faut aussi que l'écoulement des larmes soit très-abondant. 5.° Il est enfin essentiel de maintenir l'irritation provoquée par le caustique, à l'aide de vapeurs alkalines et éthérées, dont on retire alors d'excellens effets (1).

L'*innocuité* du remède que je propose est connue depuis long-temps ; car depuis long-temps il est employé avec avantage contre les ulcères de la cornée, qu'il guérit avec une rapidité étonnante. La *douleur* qui le suit est bien supportable et de courte durée. L'*inflammation* est nulle ; je ne l'ai jamais vue survenir, quelque étendue qu'ait été

---

(1) Prenez alkali volatil 4 gros.

Éther — — 4 gros. — Mêlez.

Exposez l'œil à la vapeur de ce mélange, dont la température ne doit être élevée que par celle de la main sur laquelle on en a fait tomber quelques gouttes.

l'escarre. Tout ce que j'ai remarqué en fait de phénomènes de réaction, c'est une légère injection des
vaisseaux de la sclérotique, laquelle injection s'est
toujours dissipée au bout de deux ou trois jours,
malgré les vapeurs irritantes sans cesse dirigées contre
l'œil. *L'escarre superficielle*, qu'il est si aisé de produire, tombe souvent au bout de quarante-huit
heures ; rarement existe-t-elle au quatrième jour.
On peut se convaincre de la vérité de ce fait, par
une expérience facile que j'ai maintes fois répétée.
Qu'on enlève à la cornée d'un lapin toute sa transparence, à l'aide de cautérisations légères, de manière à simuler un albugo général, et l'on sera
surpris le lendemain, ou deux jours après, de la
voir aussi lucide que de coutume et exempte de
tout nuage. Les *escarres profondes* tiennent davantage, mais ne tardent pas à tomber sous l'action
d'un collyre fait avec le laudanum. On pourrait
toucher la sclérotique pour éviter ce dernier inconvénient, qui n'arrêtera pas certainement celui qui
aura quelque habitude du caustique.

Ce que je viens de dire est l'expression des faits
qui se sont présentés à mon observation. Le temps
ne me permet pas d'en consigner ici un grand nombre. M. Dubos, chirurgien aide-major au 40ᵉ Régiment de ligne, a été témoin de la majeure partie
d'entre eux. Je ne puis laisser passer une occasion aussi
favorable sans le remercier pour le zèle qu'il a mis
à me faire part de ses bons conseils.

Ire Observation.

Pupilles dilatées : iris linéaires, vue affaiblie dans le jour,
nulle le soir. — Cautérisation, guérison.

Un enfant trouvé, de l'Hôpital d'Uzès, du sexe
féminin, d'une constitution phlegmatique, âgé de
dix ans, était héméralope depuis deux mois. Pendant le jour, il avait la faculté de se conduire, et
au coucher du soleil il était aveugle. Il me fut
présenté par une sœur de l'hospice, le premier
septembre 1825. L'examen de ses yeux me fit apercevoir des pupilles dilatées, au point que l'iris, ne
formant qu'un grand cercle linéaire, semblait avoir
disparu, et qu'il était possible de voir tout l'intérieur
de l'œil dont la transparence n'était pas troublée.
Au sortir de l'obscurité, la vive lumière n'occasionnait aucun changement dans la forme du trou visuel.

J'administrais depuis quelque temps et sans succès l'extrait alcoolique de noix vomique, lorsque je
remarquai sur l'œil droit, dont la patiente se plai-
gnait, un petit ulcère d'une ligne d'étendue, situé
à la marge de la cornée, vers son angle interne.
Pour obtenir la prompte guérison d'une plaie qui
trop souvent entraîne la perte de l'œil, je la touchai
par deux reprises, et coup sur coup, avec un cône
effilé de nitrate d'argent fondu, ainsi que le conseille Scarpa. L'ulcère blanchit par l'escarre qui se
forma, la conjonctive rougit un peu et l'œil pleura

abondamment : lotions avec l'eau froide pendant quelques instans.

Le lendemain, deux novembre, la vive cuisson occasionnée par le nitrate avait tout-à-fait disparu ; il ne restait de l'opération qu'une teinte légèrement rosée sur la sclérotique, et l'escarre qui n'avait d'autre étendue que celle de l'ulcère. Ce jour même, cette jeune fille m'apprit que la veille elle avait eu le bonheur d'y voir mieux que de coutume. L'amélioration survenue dans son œil droit lui avait permis de se promener dans les corridors de l'hospice sans aide qui la conduisît.

Lorsque j'eus examiné les deux yeux, je n'eus pas de peine à croire à ce singulier changement. Le gauche était dans le même état que la veille, mais le droit se trouvait dans des conditions bien différentes ; la pupille s'était très-ressérée, et l'iris se mettait facilement en jeu sous l'influence du jour alternant avec l'obscurité. Je ne pus douter un moment qu'on ne dût attribuer à la vive stimulation exercée par le nitrate un effet aussi inattendu, et je conçus l'idée de cautériser la cornée de l'œil gauche, quoiqu'il n'y eut pas de plaie qui méritât cette opération. Je portai donc le cône effilé de nitrate d'argent sur l'œil gauche, et fis deux escarres superficielles à la marge de la cornée : larmoiement abondant, cuisson assez vive mais très-courte, lotions froides, et, circonstances bien remarquables, *rétrécissement subit de la pupille et vue nette le même soir*. Deux jours après, la cornée avait toute sa transparence; il était impossible d'y découvrir le moindre vestige de nuage. La vue et l'état de l'iris furent parfaits pendant un mois, au bout duquel l'imminence à la récidive fut détruite par une nouvelle application du caustique qui rendit la guérison très- solide

Il est à noter que cette malade avait présenté des symptômes annonçant la présence des vers, qui ne furent pas combattus; que c'étaient eux qui avaient préparé la récidive du mal qu'ils avaient certainement causé , et que malgré cette complication la guérison a été parfaite.

IIᵉ Observation.

Pupilles dilatées, immobiles , vue troublée. —Trois cautérisations : guérison en trois jours.

Bonnabot, soldat au 40ᵉ Régiment de ligne, avait toutes les peines du monde à se conduire lorsque le soleil était couché. Ses pupilles dilatées ne l'étaient pourtant pas autant que celles de la fille qui a été l'objet de l'observation précédente; mais comme elles, elles ne jouissaient d'aucune mobilité. Il fut mis à l'usage de l'extrait alcoolique de noix vomique, dont il prit 9 à 10 grains par jour pendant un mois et demi. Ce remède, secondé par des vapeurs stimulantes, fut sans effet : je le suspendis; et voulant à cette occasion tenter la cautérisation, qui quelques jours auparavant avait si bien réussi, je portai le nitrate d'argent sur le côté externe de la sclérotique de l'œil droit, à quatre lignes de la cornée : cuisson assez vive, larmoiement abondant, eau froide.

Le 11 novembre, c'était le lendemain, l'état de la pupille et de la vision n'avait pas changé. Le 12, nouvelle cautérisation sur les bords de la cornée et sur trois points différens. Le 13, pupilles rétrécies, injection légère dans les vaisseaux de la sclérotique. Plus de cuisson, œil humide, escarres à peine visible, vue meilleure : vapeurs alkalines et éthérées.

Encouragé par ce succès, le 14 j'appliquai légèrement la pointe de la pierre infernale à la marge de la cornée de l'œil gauche. Au même instant, la pupille se resserra et devint impressionnable à la lumière ; un torrent de larmes inonda les joues ; la cuisson ne fut pas très-vive ; la conjonctive de la sclérotique fut un peu injectée vers le soir. Le 15, on vit tomber les escarres, et les deux yeux reprendre leur fonction. Depuis lors, les deux pupilles ont conservé une grande mobilité, et Bonnabot s'est trouvé débarrassé d'une infirmité, que plus tard il a inutilement simulée pour se soustraire au service militaire.

On remarquera, dans cette observation, que la cautérisation de la sclérotique n'a pas été suivie d'heureux résultats, comme celle du pourtour de la cornée, qui a été immédiatement accompagnée de la contraction de l'iris, et que cette même contraction a été durable et non passagère, ainsi qu'on peut le voir dans les observations de MM. Demours et Delarue, qui n'employaient pas ce puissant moyen d'excitation.

IIIᵉ Observation.

Pupille de l'œil droit dilatée, irrégulière, vue confuse. — Une cautérisation : guérison complète en quelques jours.

Pierre ***, âgé de 25 à 26 ans, d'une bonne constitution, fit une chute sur le côté de l'orbite droit qui fut tout ecchymosé. Des sangsues en nombre furent apposées dans le voisinage des tempes, au cou, et l'œil qui s'était enflammé revint à son état naturel. Cet organe ne tarda pas à remplir fort mal ses fonctions, et dès la fin de mars 1826, deux mois après son accident, et sans éprouver la moindre douleur, la vue s'affaiblit à tel point que, l'œil sain fermé, Pierre ne voyait, avec l'autre ouvert, que d'une manière obscure et vague, les objets qui se trouvaient sur son passage et qu'il ne pouvait éviter.

Un examen attentif me fit reconnaître un peu d'irrégularité dans la forme de la pupille, qui était très-dilatée et insensible à la vive lumière du jour; la pression n'occasionnait aucune douleur dans le globe; la pupille de l'œil gauche, qui était dans son état physiologique, était deux ou trois fois plus petite que sa congénère : de ce côté la vue était excellente.

L'appétit n'était pas bon, la langue était sale, et malgré cela je ne fis pas vomir mon malade. Je jugeai plus nécessaires l'application d'un vésicatoire et

l'usage de la vapeur de l'alkali volatil, qui n'amenè-
rent pas de changement notable dans l'état de la vision. N'ayant rien à espérer de ces divers moyens,
j'engageai Pierre *** à se soumettre à la cautérisation
cornéenne, qu'il redoutait : elle fut faite sur les bords
de la cornée. Comme j'étais seul, il ne me fut pas
possible d'écarter de nouveau les paupières pour la
rendre plus étendue; mais, au bout d'une demi-heure,
lorsque la cuisson eut passé, le malade ouvrit son œil
et me laissa apercevoir une escarre de deux lignes
d'étendue, et la pupille resserrée sur elle-même. La
rétine était devenue si sensible, que, pour la soustraire à la lumière, les paupières restaient fermées.

Au sixième jour, il ne restait aucune marque
d'irritation, ni d'escarre, ni d'injection. Aujourd'hui
le malade se sert également de ses deux yeux : il y a
près de six mois qu'il jouit du fruit de l'opération.

Ici l'irrégularité de la pupille était due à une adhé-
rence de l'iris, que sa dilatation rendait sensible
parce qu'il était tiraillé : revenu sur lui-même, il
n'a plus présenté cette particularité, qui seule m'a-
vait fait porter un fâcheux pronostic.

IVᵉ Observation.

Migraine, altération de la vue, pupille dilatée, paupière supérieure paralysée, — Trois cautérisations dans le même moment ;
guérison radicale en trois jours.

P***, apprenti chapelier, chez Plantier, à Uzès,
grand, maigre, n'avait jamais eu de mal aux yeux;

il éprouva , pendant trois jours , une forte migraine à laquelle il était sujet ; et le 15 août qui les suivit , la vue fut altérée du côté droit ; les objets paraissaient plus blancs , plus petits et surtout très-confus. La pupille était immobile et trois fois plus grande que sa voisine , qui , d'ailleurs , jouissait de la liberté de tous ses mouvemens. Il y avait en outre un relâchement complet de la paupière supérieure , incapable de se relever par elle-même. Pour y voir de ce côté , le malade était obligé de la soulever avec les doigts et de porter la tête en arrière. Je redoutais dans cette circonstance une paralysie que tout semblait prouver et que rien ne devait guérir , au moins dans un temps très-court.

Pendant six jours je soumis inutilement l'œil indisposé à l'action des vapeurs ammonicale et éthérée , que je résolus de seconder par la cautérisation cornéenne , à laquelle le patient, rempli de confiance , n'eut pas de peine à se décider. La vue seule du porte-caustique , qu'il prit pour un instrument plus dangereux , frappa son esprit méticuleux et le fit tomber dans une courte défaillance , au retour de laquelle la cornée fut touchée par le nitrate sur quatre point de sa circonférence. Il fut surpris de n'éprouver qu'une cuisson passagère , que sa diminution graduelle rendit très-supportable ; et avant qu'il sortit de mon cabinet , où il venait de subir cette opération , j'eus la grande satisfaction d'observer *un resserrement très-marqué de la pupille* , susceptible alors d'augmen-

tation et de diminution. Je continuais les vaporisa-
tions stimulantes. Le lendemain , la pupille était plus
petite que celle de l'œil gauche, la conjonctive sclérotique un peu injectée , et la paupière supérienre relevée
de moitié.

Le surlendemain , la vue était bonne , la paupière tout à fait relevée. Aujourd'hui cette cure se
maintient et ne laisse aucune marque qui puisse
présager quelque récidive; car les pupilles ont exac-
tement les mêmes dimensions.

J'ai conseillé à ce malade d'user de temps à autre
des vapeurs alkalines , pour mieux assurer sa guérison. Je dois ajouter qu'il était resté une petite escarre,
moitié comme la tête d'une épingle , et qu'il ne fallut que
quinze jours pour que sa chute eut lieu (1).

Les considérations que je viens de présenter sur
la cautérisation de la cornée , me paraissent de nature
à fixer l'attention des praticiens; je prie mes confrères
de mettre en usage ce moyen thérapeutique : j'ose
en garantir les bons effets, lorsqu'ils voudront corriger
les aberrations de la vue avec dilatation des pupilles.

---

(1) Cette escarre était profonde..

A Uzés, Imprimerie de L. George.